Reinaldo Domingos

APRENDA A FALAR SOBRE DINHEIRO COM SEU FILHO

dsop editora

Autor: PhD Reinaldo Domingos
Coordenadora editorial: Laila Mascarenhas
Editora de texto: Catarina Arimatéia
Editora de arte: Marisa Corazza
Colaboração editorial: Ana Rosa Vilches
Revisora: Luzia Rodrigues

dsop
editora

Rua Alba, 88 - Parque Jabaquara
São Paulo - SP - Brasil - CEP: 04346-000
www.editoradsop.com.br

Dados Internacionais de Catalogação na Publicação (CIP)
(Câmara Brasileira do Livro, SP, Brasil)

Domingos, Reinaldo
Aprenda a falar sobre dinheiro com seu filho / Reinaldo Domingos. -- São Paulo : Editora DSOP, 2024.

ISBN 978-85-8276-635-4

1. Crianças - Finanças pessoais 2. Dinheiro - Administração 3. Educação financeira 4. Finanças - Planejamento 5. Pais e filhos I. Título.

24-213009 CDD-332.6

Índices para catálogo sistemático:

1. Educação financeira : Economia 332.6

Cibele Maria Dias - Bibliotecária - CRB-8/9427

FOTO DE CAPA:PHILIP STEURY PHOTOGRAPHY/SHUTTERSTOCK

SUMÁRIO

APRESENTAÇÃO

Lidar com dinheiro é coisa de adulto, certo? Em parte, sim. Você não espera que seu filho de 6 anos pague contas, faça depósitos no banco, saque dinheiro no caixa eletrônico ou execute cálculos complexos para gerenciar gastos e ganhos. Mas ensinar uma criança a ter noções sobre finanças – que, basicamente, é a gestão do dinheiro – deve ser prioridade de todos os pais que desejam que o filho se torne um adulto responsável, financeiramente educado e com capacidade para transformar sonhos em realidade.

A proposta deste guia é orientá-lo a falar sobre dinheiro com os pequenos, desde o contato inicial com moedas e notas até o momento de investir o que foi poupado. Por meio de seus ensinamentos, seu filho vai conhecer a história do dinheiro, entenderá a importância de colocar no cofrinho as primeiras moedas e será estimulado a ter sonhos e a guardar dinheiro para realizá-los. Também terá noções de como administrar semanadas e mesadas, conhecerá a importância dos juros e aprenderá a diferenciar entre o essencial e o desnecessário.

Afinal, a Educação Financeira na infância é imprescindível para que a vida dos pequenos, no futuro, seja equilibrada e feliz!

OS PRIMEIROS ENSINAMENTOS

EDUCAÇÃO FINANCEIRA NA INFÂNCIA

Partindo da premissa de que a educação do comportamento financeiro deve começar na infância – sendo estimulada em casa e, posteriormente, em sala de aula –, é fundamental que os adultos sejam orientados sobre como repassá-la aos pequenos.

Levando em consideração que a nossa geração não teve essa chance, é natural que agora que somos adultos não saibamos ao certo como falar sobre dinheiro com as nossas crianças. Este é um assunto que muitos adultos omitem das crianças por acreditar que elas não irão compreender e assim acabam não considerando a educação financeira como parte da educação dos filhos.

Quanto mais cedo eles tiverem contato com o universo do dinheiro, mais chances terão de alcançar a prosperidade. A partir dos três anos de idade, a criança já tem condições de assimilar algumas lições básicas sobre quantidade e os elementos que fazem parte do mundo do dinheiro, em um primeiro momento: moedas, cofrinhos, carteira de dinheiro, entre outros.

Mesmo que para a criança as moedas não tenham ainda o seu real significado, é possível estimulá-la com alguns exercícios que ficarão em seu inconsciente para sempre. O mais básico e comum deles é acertar o encaixe da moeda em um cofrinho. E ensinar que moeda é dinheiro e que nunca deve ser colocada na boca.

Ao repetir o gesto diversas vezes, você está registrando na cabeça da criança que ela deve guardar a moeda, esconder, proteger, acumular. Ela não saberá, de pronto, por que está guardando aquilo, mas incorporará a informação de que deve fazer isso sempre. E, com certeza, terá essa tendência natural na juventude e na fase adulta.

No decorrer deste livro, serão sugeridas essa e outras práticas a serem desenvolvidas com as crianças. Se as atividades aqui propostas forem apresentadas de uma maneira leve e divertida, tenho certeza de que os ensinamentos sobre educação do comportamento financeiro serão muito mais eficazes.

Não se esqueça de que, para introduzir esse tema na vida dos pequenos, como veremos mais adiante, será essencial falar também sobre sonhos. Afinal, é na infância que começa o hábito de sonhar, muitas vezes abandonado na adolescência e na fase adulta. Quem não se lembra de sonhos de criança, como ser astronauta ou super-herói?

O PRIMEIRO CONTATO COM O DINHEIRO

Uma das primeiras atividades que podem estimular as crianças a compreender o mundo é o ato de desenhar. No início, percebemos apenas alguns rabiscos e borrões na folha, mas, se você perguntar, a criança dirá detalhadamente tudo o que está desenhado ali.

Por isso, a prática do desenho é uma das formas mais recomendadas para iniciar o contato da criança com o dinheiro. Um papel, uma moeda e uma caixa de lápis de cor já são suficientes para que ela passe a experimentar, de maneira sensorial, a existência do dinheiro.

Escolha um momento de tranquilidade do seu dia e sente-se com a criança, no chão ou diante de uma mesa. Tenha por perto lápis de colorir, folhas em branco e algumas moedas. Coloque uma moeda sobre a folha em branco e, com o lápis, faça um círculo ao redor, tendo a moeda como molde.

Deixe que a criança sinta a moeda nas mãos, que note o seu arredondamento, e depois estimule-a a fazer o mesmo círculo usando o lápis. Talvez ela não consiga nas primeiras tentativas, porém isso não tem tanta importância.

A proposta dessa atividade é que ela passe a ter contato com as moedas e que o dinheiro – ainda que sem o entendimento pleno de seu significado – comece a fazer parte do seu universo desde cedo.

Com o passar do tempo, o direcionamento dos desenhos pode ser intensificado por meio de solicitações que estimulem o raciocínio da criança. Entregue uma folha com a imagem de um gato e outra com a de um elefante. O gato gosta de comer maçãs, já o elefante gosta de comer folhas. Peça à criança que desenhe frutas e folhas para que ambos os animais possam se alimentar delas. Em seguida, comente que, para alimentar os animais, precisamos utilizar uma moeda para cada fruta ou folha dada para sua alimentação. Pergunte de quantas moedas precisamos para comprar folhas ou frutas para alimentá-los.

Dessa forma, a criança começará a criar noções de quantidade e de tamanho. Pela lógica, você deve levar a criança a concluir que o elefante precisará de mais moedas do que o gato para manter o estômago cheio.

Esse raciocínio é apenas uma introdução para que a criança compreenda inicialmente a forma dos animais. Mais tarde, ela precisará desses conhecimentos para desenvolver a prática da "alimentação" dos três cofrinhos.

Com esses e outros exercícios, a criança aprende

brincando e registra no inconsciente o significado do que chamamos dinheiro, que será, posteriormente, de extrema importância por toda a sua vida.

Nos primeiros anos de vida, a criança ainda não sabe ler, mas o hábito de ouvir histórias, contadas pelos pais ou por seus professores, vem sendo bastante praticado através dos tempos.

É curioso observar que o tema dinheiro costuma aparecer pouco na literatura infantil e, muitas vezes, quando aparece, passa uma mensagem equivocada. Os clássicos contos de fadas, por exemplo, retratam histórias de jovens mulheres que nunca se importaram muito com o dinheiro e que passaram a vida esperando um príncipe encantado para lhes tirar da pobreza ou de uma vida cheia de sofrimentos. Esse é o caso das histórias de Branca de Neve, Cinderela, Rapunzel, entre outras personagens.

Ao ler alguns desses contos, ressalte o quanto essas jovens poderiam ter sido mais espertas, se tivessem zelado por suas próprias vidas financeiras.

A IMPORTÂNCIA DO COFRINHO

Depois da moeda, o cofrinho é o segundo elemento que deve ser apresentado para a criança quando falamos em educação do comportamento financeiro. Atualmente, existem cofrinhos dos mais variados tamanhos e formatos.

A recomendação é pelo clássico porquinho, mas é importante que a criança se identifique com o formato do cofre que ganhará. Afinal, esse objeto vai acompanhá-la por muito tempo e será também uma lembrança que, com certeza, marcará a sua infância.

A prática de inserir moedas no cofrinho acaba fixando na mente da criança o aprendizado de que a moeda – chamada de dinheiro – deve ser guardada num lugar fechado, protegido e seguro. Um lugar de onde seja difícil tirá-la a qualquer momento.

O exercício de inserir moedas na pequena abertura do cofrinho faz com que a criança aprenda, a partir da repetição do ato, o conceito de poupar. E, se você explicar que as moedas devem permanecer lá dentro até o porquinho encher, ela assimilará também as noções de espera e de tempo – dois conceitos cada vez mais raros entre as gerações de hoje em dia.

Dessa forma, a criança aprende brincando uma das mais importantes lições da educação financeira: guardar dinheiro e ter paciência. Essas são virtudes que as gerações atuais em geral não possuem, pois o imediatismo é a bola da vez na sociedade em que vivemos.

Justamente por não terem tido a introdução da educação financeira na infância, as pessoas vivem atropelando o tempo e realizando desejos de consumo sem ter condições financeiras para tal, usando como apoio – será apoio ou âncora? – cartões de crédito, limites de cheque especial e parcelamentos diversos.

Se você não quer que os seus filhos, netos e demais descendentes caiam nesse ciclo vicioso do descontrole financeiro e emocional, comece a trabalhar junto a eles esses primeiros conceitos educativos que prezam pelo controle de moedas dentro de um recipiente fechado, ou seja, objetos representativos do dinheiro e de uma caderneta de poupança.

Estimulando desde cedo a criança a cuidar com carinho do seu cofrinho e do dinheiro que lá se encontra acumulado, você deixará uma grande lição que será muito valiosa e útil para ela na vida adulta.

ESTIMULANDO OS SONHOS

Depois que a criança aprende a cuidar do seu cofrinho e passa a depositar moedinhas lá dentro, é chegada a hora de dar sentido ao ato de poupar. E neste momento estou falando dos sonhos.

Devemos estimular desde cedo os pequenos a sonhar, prática que na vida adulta, em muitos casos, parece estar sempre em segundo plano. Porém, na infância, os sonhos são a mola condutora da percepção do mundo.

Muitos dos sonhos são fantasiosos, como ir para a "Terra do Nunca" ou falar com fadas. Porém, as crianças terão também desejos reais, como: ter uma bicicleta, uma guitarra de brinquedo, uma boneca, um *skate* ou mesmo fazer uma viagem.

É importante deixar a criança perceber a associação entre o ato de juntar moedas – poupar – e a conquista de algum objeto concreto sonhado que, na maioria dos casos, é um brinquedo. Sugiro também que você explique à criança que, se o cofrinho ficar cheio de moedas, ela certamente terá mais condição de comprar aquilo que deseja. Ou, então, perceberá que precisa de um prazo maior para conseguir o total necessário para realizar o sonho.

O ato de reter parte do dinheiro que passar pelas mãos será ensinado de pai para filho, de filho para neto, e assim por diante. Com esse pequeno gesto, ainda na infância, você estará plantando em alguém as sementes do que poderá se transformar numa família próspera no futuro. É importante ressaltar não só a prosperidade financeira, mas também outra mais subjetiva, aquela que alimenta a nossa essência: os sonhos.

Estimulando a criança a sonhar desde cedo e mostrando que ela pode alcançar o que deseja, você colabora para a formação de alguém que, ao se tornar adulto, continuará exercendo o bom hábito de sonhar e também a ação positiva de poupar.

TRÊS COFRINHOS PARA TRÊS SONHOS

Quando a criança já tiver incorporado o hábito de depositar as moedas que ganha em seu cofrinho e, posteriormente, tiver visto com seus próprios olhos que, depois de certo tempo, elas podem realizar sonhos, é sinal de que chegou a hora de ampliar essa prática e prosseguir com os ensinamentos.

Converse com ela e peça que feche os olhos e imagine outros sonhos que gostaria de realizar. Tenha uma longa conversa, sem pressa: deixe que a criança divague sobre seus pensamentos. Depois, mostre a ela três cofres, que podem ser três porquinhos, de cores diversas e, principalmente, que tenham tamanhos diferentes: pequeno, médio e grande.

Oriente a criança a visualizar os três porquinhos e escolher três sonhos, dentre todos os que imaginou anteriormente, para "cultivar" em cada cofre. É importante apontar e ressaltar para a criança a diferença de tamanho dos três cofres, fazendo uma associação simples entre os sonhos de maior e de menor valor.

Dessa forma, explique para a criança que os sonhos escolhidos devem ter diferentes preços e que o tempo que ela levará para juntar as moedas necessárias para sua realização também não será o mesmo.

Ao estabelecer prazos – não muito rígidos, afinal, estamos falando com crianças –, podemos subdividir os três sonhos da seguinte forma: sonho de curto prazo (para ser realizado em um mês); de médio prazo (que será alcançado em até seis meses) e de longo prazo (cujo tempo para concretizar poderá ser acima de um ano).

Acompanhe de perto o passar do tempo e vá incentivando a criança a permanecer dedicada e atenta ao processo de "engordar" os porquinhos, a fim de conquistar os sonhos que escolheu.

Escolham juntos um local de destaque no quarto dela para guardar os três cofrinhos. Pode ser na mesa de cabeceira ou numa prateleira. O importante é que os três objetos estejam sempre visíveis para que a criança não se esqueça deles.

Com todos esses cuidados, a criança sempre se lembrará daquele propósito e, tendo os pais ao lado, acompanhando essa verdadeira caminhada, nada a demoverá de seu objetivo final.

Quando o seu filho estiver empenhado em alimentar os três cofrinhos, tendo como objetivo a realização de seus três sonhos, você pode lhe dar "uma mãozinha", pois, diante do esforço da criança, é importante incentivar sua dedicação e seu comprometimento.

Para simular a relação que futuramente ela terá com uma caderneta de poupança – ou com algum outro tipo de investimento –, passe a depositar uma quantia mensal nos três cofrinhos, proporcional ao que a criança foi capaz de poupar naquele mês.

Dessa forma, você introduzirá o conceito de juros e, o melhor, sem que ela perceba. Os melhores educadores são aqueles que conseguem nos fazer aprender com prazer e, no mundo infantil, isso significa aprender brincando.

Nós, adultos, sabemos que o banco concede uma

taxa de juros a quem possui conta bancária e aplica seu dinheiro em investimentos. Portanto, alinhado com essa premissa, você fará o papel do "banco" nesse primeiro momento, incentivando seu filho, neto ou sobrinho a poupar.

Desse modo, pouco a pouco, a criança aprende na prática como funciona o mundo adulto sem o peso que ele possui. Poupar com o objetivo de realizar sonhos vai se assemelhar a vencer um jogo de *videogame*, em que o objetivo final é a premiação em alguma instância.

Se você ajudá-la a engordar os três cofrinhos, explicando os motivos pelos quais merece receber o "extra" – juros –, ela assimilará não somente os conceitos de poupar e dos juros, mas também a noção de responsabilidade, determinação, paciência e sabedoria, quando o assunto é dinheiro.

E esse é um aspecto muito importante nessa fase da vida, em que as crianças começam a perceber o mundo ao seu redor, a prestar atenção nas atitudes dos adultos e, muitas vezes, a querer imitá-los. Por isso, lembre-se de que, além de ensiná-la a poupar, você também deve mostrar que age da mesma maneira com o seu dinheiro. Ou seja, não basta o discurso se ele não vier acompanhado de atitudes práticas da sua parte.

UMA AULA SOBRE JUROS

Ao estimular a criança ou o jovem a guardar dinheiro para realizar seus sonhos, é natural que eles perguntem se há um jeito de fazer com que esses sonhos se concretizem mais rápido. Essa é a oportunidade ideal para introduzir uma conversa sobre juros.

Você pode explicar que, ao guardar dinheiro, o processo se acelera quando ele está rendendo numa caderneta de poupança. Para simplificar a definição do termo, diga que juros são um valor que o banco repassa para quem guarda dinheiro lá por um tempo.

Veja uma forma de fazê-los entender: “Quando você deixa o seu dinheiro em um cofrinho, nada acontece para acelerar o crescimento daquela quantia. No entanto, se você o guardar em um banco, a instituição lhe pagará um valor extra para que você deixe o dinheiro lá. E todo mês acrescentará um pouco mais de dinheiro, que é somado ao valor que você já tem”.

Quando a criança compreender essa lição, é recomendável trocar o cofrinho pela caderneta de poupança. Ela deve entender que os juros são a grande mágica que faz o dinheiro crescer e se multiplicar.

LIÇÕES
EM FAMÍLIA

APRENDENDO A SONHAR

Após a inclusão da prática do zelo pelos três cofrinhos, outra recomendação valiosa para ajudar a criança a compreender a diferença entre os três tipos de sonhos é dar exemplos concretos de cada um deles, de acordo com o universo infantil.

Lembre sempre aos pequenos de que não importa o tamanho ou o preço de seus sonhos. O importante é saber quanto vão custar, para que, assim, eles possam se programar para realizá-los em um tempo preestabelecido.

Os sonhos de curto prazo, conforme já mencionado, são aqueles que a criança é capaz de conquistar em até um mês. Para que você possa orientar melhor o seu filho a escolher esse tipo de sonho, é recomendável avaliar quanto dinheiro ele ganhará nesse período – seja presenteado por você ou por outros membros da família.

Uma bola, por exemplo, que custa em média R$ 40,00, pode ser um sonho de curto, médio ou longo prazo, dependendo de quanto a criança ganha por mês e de quanto ela pretende depositar em seu porquinho.

O importante nessa prática é que os pais acompanhem o gesto de poupar de seus filhos e os estimulem a ter disciplina. Muitas crianças se animam na primeira semana, mas depois desistem.

Elas deixam de poupar e gastam todo o dinheiro que cai em suas mãos com sorvete, balas e outros itens de consumo imediato e prazer reduzido a minutos de degustação. Os pais, muitas vezes, não percebem que a criança deixou de poupar ou fingem não ver, por preguiça de falar novamente sobre os três porquinhos e os três sonhos.

No entanto, saiba que, se você não se empenhar junto com a criança, ela abandonará o "projeto" de realizar

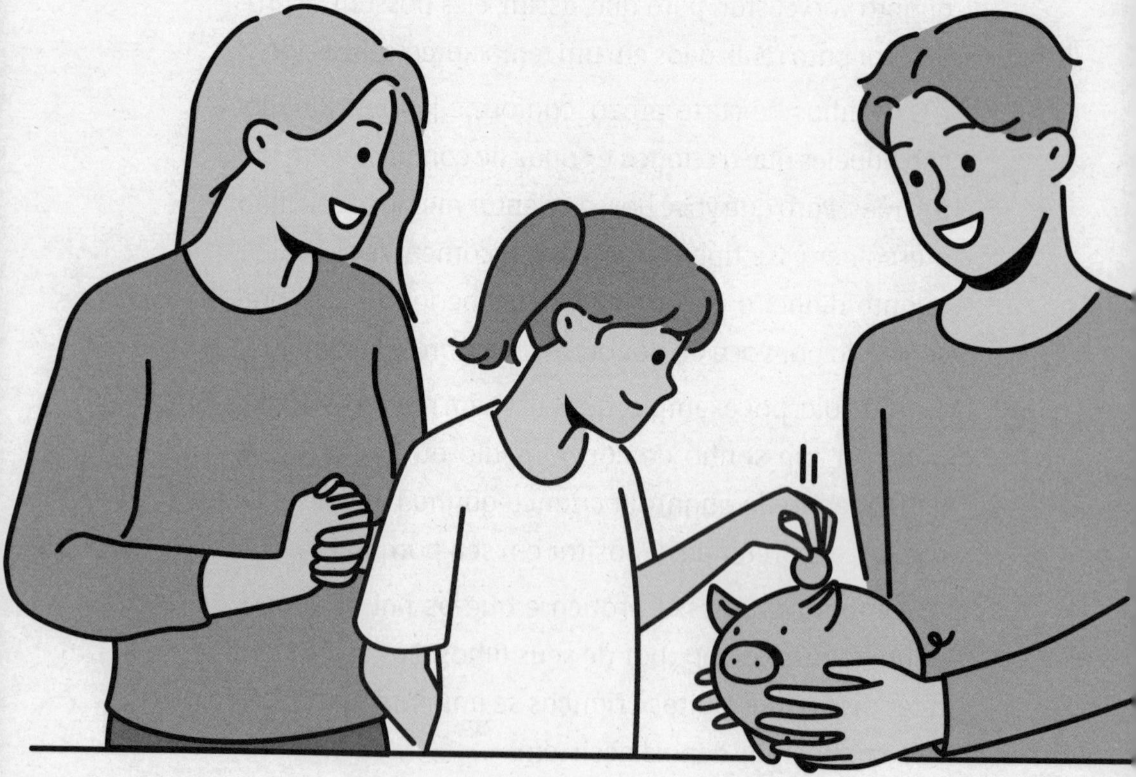

sonhos, seguindo o seu modelo de aprendizado. Portanto, fique atento, você é um espelho para as crianças com quem convive.

O que as crianças não sabem, e aí é preciso que os adultos expliquem com calma e paciência, é que existem sonhos que não dependem somente de dinheiro.

Viajar de avião, por exemplo, é um deles. Uma criança não pode viajar sem estar acompanhada de um adulto ou sem ter a autorização dos pais. A situação também é delicada quando se fala na adoção ou aquisição de um animal de estimação. Afinal, é preciso que alguém se responsabilize pela criação desse animal, com todos os gastos decorrentes dessa escolha.

Ou seja, os sonhos de longo prazo, por serem mais audaciosos, muitas vezes acarretarão casos como os citados, em que será necessário explicar à criança que nem tudo depende somente de dinheiro.

A intenção com essas explicações é fazer a criança entender que, quanto mais cedo a noção de poupar para concretizar sonhos for assimilada, mais chances ela terá de ajudar a construir um país próspero financeiramente e com qualidade de vida.

POR QUE O DINHEIRO EXISTE

Quando o seu filho já estiver familiarizado com as moedas, os cofrinhos, os três prazos para a realização de sonhos e a prática de poupar, ele começará a perceber a importância do dinheiro em sua vida e na das pessoas em geral.

Nessa etapa, é comum surgirem perguntas como: "De onde veio o dinheiro?" ou "Por que o dinheiro existe?". Nessa hora, é recomendável que você esteja preparado para responder a questionamentos como esses em uma linguagem simples, para que os pequenos possam entender.

Um dos caminhos possíveis para explicar de maneira básica a existência do dinheiro é voltar no tempo e contar que antigamente os povos trocavam as coisas entre si.

Os caçadores sabiam caçar e tinham muita carne em casa. Mas, como não sabiam pescar, eles procuravam os pescadores e trocavam a carne pelo peixe. Em contrapartida, os pescadores ficavam felizes, pois não sabiam caçar e também queriam ter carne de caça em casa.

Já os criadores de vacas possuíam bastante leite, mas não tinham ovos. Então, eles procuravam os criadores de galinhas e trocavam um alimento pelo outro. Dessa forma, a sociedade foi se estruturando na base da troca. Você pode explicar a seu filho que essa prática é chamada de escambo.

No entanto, pouco a pouco, os homens começaram a perceber que algumas coisas valiam mais do que as outras. Por exemplo: poucas pessoas sabiam transformar madeira em móveis. Sendo assim, uma mesa de jantar de madeira era algo que valia muito mais do que alguns litros de leite de vaca ou um cesto de peixes.

A ideia é que você faça com que seu filho comece a refletir. Usando a lógica, pergunte a ele se saberia responder quantos ovos seriam necessários para trocar por uma cadeira de balanço. É provável que ele não saiba e, mesmo que arrisque um número, nunca terá certeza de que a resposta está correta.

Dessa forma, ele ficará confuso e sentirá provavelmente o mesmo que os nossos antepassados sentiram quando perceberam que estava difícil estabelecer o valor das coisas. E foi justamente por isso que o dinheiro passou a existir.

Para que a criança entenda a questão de valor, você pode exemplificar comentando sobre uma atividade bem comum na infância: a troca de figurinhas.

Vamos supor que Felipe vai trocar figurinhas com seu amigo Júlio. Felipe possui uma figurinha rara e que completa o álbum do amigo. Nesse caso, Felipe poderá negociar com Júlio a troca dessa figurinha "especial".

Ele propõe ao amigo que a troca seja feita da seguinte forma: a figurinha especial, que completa o álbum de Júlio, será trocada por cinco figurinhas e um carrinho. Júlio, mesmo querendo muito aquela figurinha, poderá fazer uma contraproposta para Felipe: ele oferece três figurinhas e uma bola de futebol.

Dessa forma, a criança vai compreendendo os conceitos de negociação e da lei da oferta e da procura, e também perceberá o quanto pode se tornar confuso dar valor às coisas sem a existência do dinheiro.

Com esse simples exemplo, bem próximo do universo da criança, você conseguirá fazer com que ela compreenda o porquê de, em determinado momento da história da humanidade, ter surgido a necessidade de algo que representasse o valor das coisas: o dinheiro.

DINHEIRO NA MÃO

A INSTITUIÇÃO DA SEMANADA

À medida que crescem, as crianças começam a pedir cada vez mais dinheiro aos familiares que fazem parte de seu convívio, seja para tomar um sorvete na praia com os amigos, para ir à lanchonete ou para comprar algo na cantina da escola. Atualmente, é muito comum ver crianças gastando todo o dinheiro. Para que isso não aconteça, é importante que você incentive a estabelecer os sonhos. Certamente, isso fará com que a criança pense duas vezes antes de sair gastando tudo o que tem e evitará que depois peça mais dinheiro.

Um dos princípios básicos no ensinamento da educação do comportamento financeiro para uma criança é sempre estimulá-la a priorizar seus sonhos, guardando primeiro o dinheiro para a realização deles antes de gastar com guloseimas e outras coisas. Portanto, ao conceder uma semanada, é preciso que se tenha parte desse dinheiro destinado aos sonhos de curto, médio e longo prazos.

O que geralmente acontece é que os adultos vão atendendo a esses pedidos quando acham que o motivo é válido. No entanto, no fim do mês, já não sabem mais quanto dinheiro foi dado para a criança.

Esse é um hábito contraproducente, pois, em vez de ajudar, acaba atrapalhando ao instaurar uma "bagunça" financeira na cabeça da criança, que passa a não se preocupar com valores. Isso porque ela se acostuma com o ato de gastar sempre que recebe algum dinheiro e não faz ideia de quantas vezes isso aconteceu no mês nem de quanto gastou e, o que é pior, não lembra mais no que o dinheiro foi utilizado.

Dessa forma, ela aprende, erroneamente, que o dinheiro não tem valor, que é algo que receberá sempre que quiser. Além disso, não se preocupa com a administração das quantias que ganha nem presta atenção no tempo que permanece com o dinheiro.

Ou seja, a metodologia de dar dinheiro sempre que a criança pede, mesmo que ela diga qual será o destino dos valores solicitados, não é uma prática aconselhável. Quando você perceber que a criança chegou na fase de pedir dinheiro em demasia, talvez seja o momento de estabelecer uma semanada.

Sendo assim, recomendo que você tenha uma longa conversa para que a criança perceba que cresceu e que pode assumir mais responsabilidades, entre elas, cuidar do próprio dinheiro.

Comece perguntando se ela sabe quanto dinheiro recebeu nas últimas semanas, de quem (geralmente mais de uma pessoa da família dá algum "trocado" para os pequenos) e no que gastou (se não gastou, pergunte onde está o dinheiro e qual o propósito de tê-lo guardado).

Nessa conversa, é importante mostrar para a criança a importância do valor do dinheiro para que ela não cresça achando que "dinheiro dá em árvore", como diz o ditado popular.

A adoção da semanada como sistema de aprendizagem da educação do comportamento financeiro é, na verdade, um passo introdutório para a mesada, que vai simular para o adolescente o conceito do salário mensal. Ou seja, ele será iniciado na prática de pensar a administrar os ganhos no decorrer de 30 dias.

Com a semanada, a criança ou o pré-adolescente começam a incorporar a administração do seu dinheiro em um período de sete dias corridos. Junto com a aplicação desse sistema, você deve acompanhar o desenrolar do uso da semanada, orientando o pequeno aprendiz sobre o ato de poupar, mantendo sempre vivo o sentido verdadeiro de guardar dinheiro: a realização dos sonhos.

A PRIMEIRA MESADA

A transição da infância para a adolescência é marcada por uma série de mudanças na vida de todos. O entendimento do mundo começa a ser solidificado e, nesse rito de passagem, modifica-se também a relação com o dinheiro.

Uma das coisas que marcam essa etapa da vida é a inclusão da mesada. Com ela, surge um novo desafio que na infância não era tão claro: como administrar o dinheiro. Se o jovem já vinha experimentando uma forma de se organizar financeiramente a partir da semanada, talvez essa entrada na vida "adulta" não seja tão difícil quanto para aqueles que nunca tiveram nenhum sistema regrado para receber e gastar dinheiro.

A mesada é um grande acontecimento no cotidiano dos adolescentes, pois ela antecipa o que virá no futuro, considerando que a maior parte das pessoas vive de um salário mensal e, por isso, precisa adequar os seus gastos aos ganhos.

O que acontece hoje é que muitos pais começam a dar uma mesada aos seus filhos com a seguinte recomendação: "Agora você tem seu próprio dinheiro e deve administrar os seus gastos para que esse valor dure até o fim do mês. Se o seu dinheiro acabar antes disso, ficará sem nada até receber a mesada do mês seguinte".

Argumentações como essa são bem comuns e, lamentavelmente, bastante contraproducentes. Partindo dessa orientação, o jovem vai incorporar a seguinte mensagem: "Devo gastar todo o meu dinheiro ao longo do mês, pois, no mês seguinte, receberei o mesmo valor para gastar também".

A orientação mais acertada, nesse caso, é conversar com o adolescente e explicar que parte do valor da mesada deverá sempre ser guardada para os sonhos. Se ele não tiver recebido a lição dos três cofrinhos e do conceito de poupar na infância, torna-se mais imprescindível ainda discipliná-lo, sem esquecer que o sentido de cuidar do dinheiro é a concretização de cada um dos nossos sonhos.

Com a intenção de educar o adolescente no início da instituição da mesada, você pode entregar uma parte do valor em dinheiro nas mãos do jovem e a outra parte você deposita numa poupança, para que ele tenha sempre em mente o investimento em seus sonhos. Não entregue o valor total da mesada, pois a tendência do jovem será gastá-la por inteiro.

Abra uma conta-poupança em nome do seu filho para que ele possa checar o extrato e aprender a apreciar o acréscimo dos juros. Dessa forma, você o estimulará também a colaborar com a própria poupança. Ele poderá fazer isso depositando uma parte da mesada que receber e do dinheiro que ganhar de outras pessoas da família.

Se ele tomar essa atitude e, por si mesmo, demonstrar o desejo de poupar para alcançar mais rápido seus sonhos, você pode se sentir feliz, pois verá que o seu trabalho como educador valeu a pena. Ainda sobre a implantação da mesada, é vital explicar ao jovem que parte dela deve ser guardada, pois nunca se sabe o que a vida nos reserva mais adiante.

Você pode conversar com ele e indagar sobre os imprevistos da vida. Por exemplo, numa crise familiar, em que os provedores da casa ficassem desempregados, o que eles fariam?

Continuando a conversa, pergunte algo como: "Se você parar de receber a sua mesada, quantos meses conseguirá 'sobreviver' com o dinheiro que tem hoje?". Dessa forma, você o incentivará a se preocupar com o futuro, a ser mais precavido e poupador. Sem essa conscientização, as lições de educação financeira não são 100% eficazes. É a partir do diálogo, principalmente, que se educa uma criança e um adolescente. Portanto, deixe sempre as portas abertas para que os jovens possam vir falar com você.

Durante a instituição da mesada, há uma forma diferente de fazer com que ela funcione e aguce os instintos de poupador do seu filho. Ao combinar as regras do sistema de mesada, estabeleça a seguinte norma: em um ano, haverá dois meses em que o jovem não receberá a mesada. E, o mais importante, você não diz que meses serão esses. A regra é desafiadora e se assemelha a um jogo. Além do desafio, essa regra é também uma maneira sutil de fazer com que ele poupe todo mês, pois estará sempre se preparando para "os imprevistos da vida".

Não sabendo quais serão os meses em que ficará sem a mesada, ele viverá em estado de alerta, pois sabe que será pego de surpresa quando chegar o momento do "corte" e assim estará preparado para passar por essas e outras intempéries da vida adulta.

DIAGNÓSTICO E ORÇAMENTO

"Como estabeleço o valor da mesada?". A resposta é simples: combine com seu cônjuge que, nos próximos 30 dias, vocês anotarão todo dinheiro que o filho pedir.

Sejam minuciosos, não se esqueçam de fazer as anotações, pois com esse diagnóstico financeiro vocês terão o montante total que ele recebeu nesse período.

Após um valor apurado, por exemplo, de R$ 100,00 a mesada deve ser de 50% desse total, ou seja, R$ 50,00. Os outros R$ 50,00 devem ser guardados para os sonhos. Mas é preciso conversar com o jovem e fazê-lo entender que ele terá uma mesada de R$ 50,00 para suas necessidades.

Certamente, ele ficará muito feliz por ver tanto dinheiro em suas mãos de uma só vez, mas é preciso alertá-lo que a mesada é para todo o mês. Também é importante incentivá-lo a pensar em três sonhos, de curto, médio e longo prazos, e dizer que vocês darão mais R$ 50,00 para que ele defina quanto quer guardar para cada sonho.

É muito comum os pais se surpreenderem, pois muitos acabam não gastando toda a mesada e ainda guardam um pouco de dinheiro para que os sonhos sejam realizados com rapidez.

A mesada e a semanada podem ser praticadas com crianças a partir de sete anos de idade, pois já estarão praticamente alfabetizadas e terão conhecimentos de matemática, sabendo fazer contas com mais facilidade.

Para quem tem mais de um filho, a recomendação é que, ao adotar a semanada ou a mesada, conversar separadamente com cada um. Lembre-se de que somos seres humanos semelhantes, mas nunca iguais: mesmo que se trate de gêmeos, é preciso conversar individualmente.

O mais importante nesse processo de crescimento e novidades no cotidiano do jovem é preservar a sua capacidade de sonhar. É importante reforçar isso, pois, ao entrar para o mundo adulto, o jovem acaba se deparando com muitas pessoas que já perderam essa capacidade e não acreditam mais em seus sonhos.

Agora que seu filho possui uma renda mensal – a mesada –, é importante que ele tenha acesso a todas as informações e ferramentas possíveis para saber administrá-la.

Uma delas é, sem sombra de dúvidas, o orçamento. Quando se fala nessa ferramenta financeira, costuma-se pensar a respeito do assunto com base na seguinte fórmula:

GANHOS – GASTOS = SOBRA OU FALTA

No entanto, essa forma de estabelecer o orçamento mensal pode facilmente nos condicionar a pensar que temos o valor total dos ganhos disponíveis para serem gastos até que o saldo daquele mês fique equilibrado, ou seja, zerado.

Se os seus filhos pensarem apenas na equação "mesada – gastos", eles nunca terão condições de guardar dinheiro para realizar sonhos, pois estarão sempre no "empate" financeiro.

Agora, se eles destinarem parte da mesada para a poupança antes de usá-la para seus gastos mensais, conseguirão guardar dinheiro. Essa é a premissa do Orçamento Financeiro DSOP. Trata-se de um jeito diferente de administrar os ganhos mensais, colocando os sonhos em primeiro lugar.

GANHOS – PRIORIDADES – GASTOS

LONGEVIDADE
SONHOS
PRESTAÇÕES/DÍVIDAS

RESERVA ESTRATÉGICA

De acordo com esse conceito, seus filhos devem colocar um percentual da mesada na caderneta de poupança. A quantia que restar pode ser destinada a compras e desejos do dia a dia. Agindo dessa forma, seu filho priorizará os sonhos e diminuirá a importância e o hábito de gastos cotidianos, que podem não ser tão necessários assim à sua vida.

Com a prática do Orçamento Financeiro DSOP, ao longo do tempo seu filho passará a gastar menos, no anseio de transferir valores cada vez maiores para a poupança "dos sonhos".

A tendência é de que ele comece a cortar tudo o que é desnecessário de seus gastos mensais, para que sobrem alguns reais para poupar, pois, dessa forma, acelerará a caminhada rumo à concretização dos seus sonhos de curto, médio e longo prazos.

Portanto, ao instituir a mesada na vida de seus filhos, ensine-os também sobre a aplicação do Orçamento Financeiro DSOP. Dessa forma, eles terão muito mais chances de usar o dinheiro de maneira moderada e consciente.

INDEPENDÊNCIA FINANCEIRA

O ESSENCIAL E O DESNECESSÁRIO

Desde muito cedo, é importante ensinar para as crianças a diferença entre o que é essencial e o que é desnecessário. Os livros infantis e os contos de fadas são instrumentos valiosos para esses ensinamentos, pois estão sempre apontando a importância do "ser" em detrimento do "ter".

É bom que fique claro na cabeça das crianças que a essência do ser humano é o que ele carrega internamente: seus sentimentos, suas emoções, suas virtudes, sua bondade, entre outras coisas. Roupas, casas, carros e celulares de última geração, por exemplo, são apenas itens que o ser humano possui, mas que não fazem diferença quando falamos na essência do ser.

Esses são valores que devem ser assimilados pelas crianças e reforçados na adolescência – fase em que o indivíduo passa a questionar tudo –, pois, se houver algum tipo de confusão referente a esses conceitos, o resultado pode ser catastrófico na vida adulta.

O que vemos hoje em dia é uma espécie de cegueira que toma conta de muitas pessoas e faz elas começarem a confundir o que é essencial com o que é desnecessário. Quando ouvimos alguém dizer “Preciso comprar aquele celular de qualquer jeito, senão eu morro.” ou “Vou comprar aquele carro nem que seja a última coisa que eu faça na vida.” é extremamente preocupante.

Veja bem, quando pensamos no “ser”, não estamos excluindo a prática do consumo da vida das pessoas. Ninguém pode viver sem comprar comida, sem ter água, luz, telefone, escolaridade etc. No entanto, há quem confunda necessidades básicas para a sobrevivência com objetos de consumo descartáveis.

Portanto, quando estiver com a família reunida, procure conversar com todos e veja se estão mesmo cientes do valor real de cada coisa. E aqui entra a água desperdiçada na hora de escovar os dentes, a luz acesa quando ainda é dia, o ventilador ligado sem que ninguém esteja no ambiente usufruindo dele.

Reúna toda a família e bata um papo sobre tudo isso. Fale bastante, porém, ouça-os também. O diálogo é uma troca saudável quando há equilíbrio e o resultado final é sempre transformador.

A DIFERENÇA ENTRE CAPRICHO E SONHO

Muitos jovens, ao serem questionados sobre o futuro, fazem uma tremenda confusão entre desejos momentâneos e sonhos verdadeiros.

Desejar é uma ação inerente à condição humana. Se você está vivo, deseja. No entanto, será que você tem conseguido entender a diferença entre um capricho adolescente e um sonho de juventude?

Veja um exemplo fictício: Guilherme, de 15 anos, diz que seu maior sonho é ter um carro. No entanto, ele alega que, por enquanto, não dá para guardar parte da sua mesada para um dia concretizar essa compra. O mesmo sonho é compartilhado por Felipe, da mesma idade. Mas, diferentemente de Guilherme, ele separa 10% de sua mesada e, todo mês, coloca numa poupança. O garoto planeja fazer essa compra quando completar 18 anos e, para isso, terá acumulado grande parte do valor ou mesmo o valor total do seu grande sonho.

Reúna seus filhos e conte a eles sobre Guilherme e Felipe e, depois, pergunte: quem está ligado a um capricho adolescente e quem tem, de fato, um sonho de juventude?

A partir dessas duas histórias, converse sobre as diferenças entre os conceitos de desejo e sonho. Entender o que é um pequeno prazer momentâneo e o que é uma vontade grandiosa de realizar algo é vital para a formação dos jovens.

"Definam os seus sonhos e planejem a realização de cada um deles. Somente dessa maneira vocês conquistarão aquilo que verdadeiramente buscam."

Você já parou para pensar no poder de influência que agentes externos podem ter sobre seus filhos? Mais especificamente, as propagandas, os anúncios publicitários e outras táticas de *marketing*, como *slogans* e *merchandisings*, produzidos com o intuito de aguçar o desejo dos jovens em possuir certo produto ou serviço, com o imediatismo comum a essa faixa etária.

Os apelos de consumo são tantos que grande parte dos jovens acaba se deixando seduzir pelo tênis da moda, pelo *smartwatch* que reluz numa vitrine e pelo celular que possui múltiplas funções.

A gama de produtos voltados ao público jovem é extensa, e por trás deles há sempre uma equipe treinada e dedicada a estudar esse público e criar anúncios e peças de *marketing* capazes de influenciar as escolhas de compra dos adolescentes.

Nessa fase de transição da vida, os jovens são mais

influenciáveis e suscetíveis aos apelos da indústria do consumo. Portanto, se o seu filho está entrando na fase do "quero isso, quero aquilo e tem que ser hoje", é chegada a hora de frear esses impulsos.

A maneira mais inteligente de fazer isso é educá-lo financeiramente, repassando alguns ensinamentos já abordados neste livro: diagnosticar, sonhar, orçar e poupar. Lembrando sempre que o caminho mais longo para conquistar um bem de consumo pode ser o mais acertado.

Converse com o seu filho e exponha as suas opiniões. Ele precisa saber que, se poupar dinheiro, sem se deixar influenciar por agentes externos, irá adquirir algo que deseja com responsabilidade, além de servir de exemplo aos colegas. Aposto que ele vai preferir ser o jovem influente da turma a ser o adolescente influenciável.

O JOVEM E SUA CONTA BANCÁRIA

Se for possível, é recomendável que os pais abram uma conta-poupança para seus filhos quando eles ainda são crianças. Poupar desde o nascimento pensando no futuro dele é um presente que você dá a seu filho.

Porém, agora, o assunto é a primeira conta-corrente do adolescente, que também é um presente e, muitas vezes, simboliza um reconhecimento da maturidade.

Trata-se, sem dúvida, de um momento muito importante, que marca a transição da infância para a vida adulta. A entrega do cartão de débito nas mãos do adolescente faz com que ele se sinta amadurecido, merecedor da confiança dos pais.

No entanto, junto com esse gesto, você deve também explicar como funciona a relação das pessoas com o banco e do banco com o dinheiro. Nessas primeiras orientações, não pode ficar de fora a leitura correta do extrato bancário.

O jovem deve ser alertado de que, em alguns casos, existem extratos em que consta a expressão "limite disponível" por escrito. Esse termo cria uma confusão na cabeça de algumas pessoas, pois dá a impressão de que o valor ali descrito faz parte de seus rendimentos. Porém, somente uma porcentagem da quantia citada é realmente de propriedade do correntista.

Por isso, quando o seu filho checar o saldo da conta, procure estar sempre por perto para esclarecer eventuais dúvidas. O saldo real que ele possui em caixa será sempre o que estiver destacado com os dizeres "limite disponível para investimento".

Esse termo é o que corresponde ao dinheiro real que ele possui na conta. E, como a própria expressão afirma, está disponível para que o correntista invista, inclusive em sua poupança.

Qualquer outro limite ou opção de crédito que aparecer deve ser ignorado, pois o seu uso acarreta o pagamento de juros e, em alguns casos, a aquisição de dívidas. Se possível, antes de abrir a conta-corrente de seu filho, procure o gerente do banco e solicite que ele abra uma conta sem as opções de limite de cheque especial ou qualquer outro tipo de crédito. Dessa forma, o jovem estará seguro, e você terá mais tranquilidade sabendo que ele só usará o dinheiro que recebe de mesada e eventuais ganhos que obtenha por meio familiar. Ou seja, o valor real que possui em conta.

Como esse será o primeiro contato do adolescente com um banco, é recomendável iniciar devagar, somente com uma conta-corrente básica. Quando o seu filho tiver mais idade, aí sim você poderá conversar com ele sobre cartões de crédito, Pix e outros meios de pagamento de produtos e serviços.

O ideal é introduzir aos poucos as demais opções oferecidas pelas instituições bancárias, até porque a tendência é de que o jovem se "deslumbre" com essa grande oferta de crédito e, sem conseguir se controlar, pode gastar além da conta. Desse modo, em vez de aprender a poupar, ele iniciará sua vida financeira pelo caminho errado: o das dívidas.

O PRIMEIRO SALÁRIO

Ao entrar na faculdade, os jovens passam a adquirir conhecimentos que os levarão ao primeiro estágio e, junto com ele, ao primeiro salário. Vamos supor que o seu filho ganhe um salário mínimo. Você acha difícil que ele consiga acumular R$ 312.000,00 ao fim de determinado período?

Parece até impossível, mas não é. Para começar, você tem que considerar que ele iniciará a vida profissional com um salário mínimo; porém, conforme o tempo passa, a expectativa é de que esse valor aumente.

O recomendável, desde o primeiro salário, é que as pessoas passem a guardar 10% dos seus rendimentos mensais numa poupança. E, conforme forem surgindo melhorias salariais, essa porcentagem deve ser aumentada.

No caso dos jovens que não possuem casa nem família para sustentar, sempre aconselho que apertem os cintos e guardem 30% do que ganham na poupança. Esse gesto, tão simples, fará com que o processo da independência financeira se acelere.

Os jovens costumam viver o hoje, sem pensar no amanhã, contando apenas, quando muito, com a previdência social para se manter quando a velhice chegar. Acontece que esse plano é furado, pois há uma queda no padrão de vida de todos aqueles que tentam viver somente da aposentadoria do governo.

Isso porque a maior parte das pessoas contribui apenas com o mínimo, de 8% a 11%, que é descontado obrigatoriamente dos trabalhadores com carteira assinada. Com o passar do tempo, essa contribuição fica defasada em relação ao rendimento mensal atual e o resultado é a queda do padrão de vida ao qual todos estão acostumados.

Você deve estar pensando: "O que a aposentadoria tem a ver com o primeiro salário de um jovem?".

Se você ensinar o seu filho a pensar no futuro desde muito cedo, já tendo isso em mente quando receber o seu primeiro salário, as chances de que ele possua uma aposentadoria extra, poupada de maneira independente, são grandes. Assim, ao chegar à fase de aposentadoria, ele poderá viver nos mesmos padrões de vida que teve ao longo dos 20, 30, 40 e 50 anos.

Já para os jovens que moram com os pais, o recomendável é que eles guardem o máximo de dinheiro possível na poupança, pois, ao saírem de casa, terão muitos gastos para bancar.

O principal deles, o tal "bicho-papão do aluguel", pode muito bem ser evitado se o jovem possui uma boa poupança. O dinheiro acumulado poderá ser usado na compra de um imóvel, se possível à vista ou, no mínimo, com uma entrada de mais de 50% de seu valor. Assim, o sonho da casa própria, comum a muitos brasileiros, poderá ser alcançado pelo seu filho mais cedo do que se imagina.

Portanto, quando chegar o momento do primeiro salário de seu filho ou de jovens que sejam do seu convívio, é recomendável ter uma longa conversa sobre planejamento, orçamento, poupança e futuro.

FUTURO PRÓSPERO

Quando uma criança nasce e seus pais abrem para ela uma conta de investimentos, estão sendo precavidos e pensando em seu futuro. Algumas pessoas podem argumentar que o gesto é prematuro, porém, ao colocar na ponta do lápis um exemplo dessa prática, veremos que essa conta pode ser muito valiosa a longo prazo.

Se você passa a depositar um valor fixo de R$ 100,00 por mês na conta destinada ao futuro de seu filho, perceberá que, ao completar 40 anos, ele terá em mãos uma quantia de aproximadamente R$ 1.000.000,00.

Seus pais podem não ter tido condições de fazer isso por você, mas, ao tomar consciência de todos os ensinamentos abordados até aqui, você com certeza fará isso pelos seus filhos se puder. Isso porque o sentido de família se amplifica quando praticamos o hábito de cuidar das pessoas que amamos.

Pense que o tempo pode ser um grande aliado na corrida pela tão desejada estabilidade financeira. Quem começa a poupar desde cedo, desde o primeiro emprego, terá mais chances de alcançar a independência financeira em menos tempo, podendo "se aposentar" na faixa dos 50 anos.

Ao se conscientizar disso, fica clara a necessidade de introduzir os hábitos da educação do comportamento financeiro na infância, bem como, se possível, cultivar uma conta de investimentos para as crianças de seu convívio, a fim de facilitar sua caminhada rumo a uma vida de estabilidade financeira.

O Autor

Reinaldo Domingos

Pioneiro na área de Educação Financeira no Brasil e criador de uma metodologia que já ajudou milhares de pessoas a retomar as rédeas de sua vida financeira, o PhD Reinaldo Domingos nasceu em uma pequena cidade do interior de São Paulo, Casa Branca, e foi lá que deu os primeiros passos de sua vida profissional. Primeiro, como auxiliar de camelô – queria conseguir dinheiro para comprar uma bicicleta –, depois, como técnico em Contabilidade.

Mas seus sonhos ultrapassavam os limites da pequena cidade. Já em São Paulo, cursou Contabilidade, dessa vez como ensino superior. Quatro anos depois, abriu sua própria empresa na área, a Confirp, e a seguir uma empresa de contabilidade digital.

Tudo ia muito bem, mas a mente inquieta e curiosa de Reinaldo Domingos, que na época já era referência na área financeira, queria mais. Decidido a compartilhar suas experiências com o público, escreveu o livro *Terapia financeira*, *best-seller* com milhões de exemplares vendidos, em que apresentou a **Metodologia DSOP**, baseada em quatro pilares: Diagnosticar, Sonhar, Orçar e Poupar. Esse livro foi o primeiro de uma longa série sobre Educação Financeira, tanto para o público adulto quanto para crianças e adolescentes.

Entre as obras publicadas, estão as coleções: Sonhos, Diversão, Educação Financeira, Menino do Dinheiro e Turma do Nico, com destaque para *Diário dos sonhos* (PNLD 2022) e *Menino do Dinheiro em cordel* (PNLD 2018). É coautor de *Juventude Plural; projeto de vida* (PNLD 2021), autor de *Meu pet cabe no meu bolso* e também de uma coleção com os personagens da Turma da Mônica, em parceria com Mauricio de Sousa. Em seu portfólio, constam ainda obras para o segmento internacional, como *School Camp*, *The Camp*, *Journal of Dreams* e a série Money Boy.

Uma vida dedicada à Educação Financeira: de Casa Branca, quando conquistou a primeira bicicleta com seu trabalho, para além das fronteiras do país.

www.dsop.com.br

ANOTAÇÕES

ANOTAÇÕES